多文化共生を学ぼう

ベトナム・フィリピンの友だち

もっと知りたい！
日本でくらす世界の友だち

監修　梅澤 真一

 # はじめに

　みなさんの学校には外国から来た友だちがいますか。
　日本の小学校に通う外国から来た子どもは、年々ふえています。文部科学省の調査によれば、2013年度には公立学校に通う外国人児童生徒数は約7万人でしたが、2023年度には約13万人に達し、10年間で2倍近くにふえています。日本の公立小学校では、外国から来た子どもがいる学校の割合は、全体の約半数に達しています。外国から来た子どもは、日本語が苦手なことが多いので、本やタブレットなどを使って、日本語を学んでいます。日本のみんなと仲よくなろうと、一生懸命がんばっているのです。
　この「もっと知りたい！　日本でくらす世界の友だち　多文化共生を学ぼう」シリーズでは、外国から来た友だちのことをよく知るためにはどうしたらよいか、また、どのようにすれば、より仲よくなれるかをしょうかいしています。
　第2巻ではベトナムとフィリピンをしょうかいします。まず、ベトナムやフィリピンのようすを学びます。正式な国の名前、人口や面積、通貨や国旗などです。次に、日本とのつながりを学びます。文化や貿易、人とのつながりなどです。ベトナムやフィリピンから日本に来ている、あるいはその国にルーツのある小学生などのインタビューものせました。どんな気持ちで日本の学校ですごしているかが、よくわかります。ベトナム語やフィリピノ語もしょうかいしました。言葉を覚えて、話ができるようになるとよいですね。ベトナムやフィリピンで大事にされている行事や小学校のようす、食べ物についても知ることができるので、日本とのちがいがよくわかるでしょう。
　このシリーズを読んで、外国から来た友だちのことを知り、今まで以上に打ちとけ合ったり、助け合ったりして、外国から来た友だちと、より仲よく、楽しくすごせるようになることを期待しています。

梅澤 真一

もくじ

はじめに …………………… 2

ベトナム編

- マンガ **ベトナムのこと知りたいな** …………… 4
  - ベトナムってどんな国？ ……………………… 6
  - ベトナムと日本のつながりって？ …………… 8
- 🎤 ベトナムにルーツのあるアンさんにインタビュー … 10
- 🎤 アンさんの家族にインタビュー ……………… 12
  - ベトナム語で話してみよう …………………… 14
  - ベトナムの行事にせまってみよう …………… 16
  - ベトナムの教育制度と小学校のようす ……… 18
  - ベトナムの食文化にせまってみよう ………… 20

フィリピン編

- マンガ **フィリピンのこと知りたいな** ………… 22
  - フィリピンってどんな国？ …………………… 24
  - フィリピンと日本のつながりって？ ………… 26
- 🎤 フィリピンにルーツのある小学生にインタビュー … 28
- 🎤 ニコルさんの担任の先生にインタビュー …… 30
  - フィリピノ語で話してみよう ………………… 32
  - フィリピンの行事にせまってみよう ………… 34
  - フィリピンの教育制度と小学校のようす …… 36
  - フィリピンの食文化にせまってみよう ……… 38

わかい世代の労働者が多くて

女性の働きやすい環境がととのえられているのよ

それだけじゃないの！
今では経済成長が右かた上がりの国！
長く続いた戦争とその後の混乱をのりこえたのよ

それってあれ？
そうそう
気になる〜！

ベトナムから日本へ観光や仕事留学で来る人も多いし
日本から留学や仕事で行く人もふえているわ！
それにベトナムと日本のにているところもあるの

ベトナムってどんな国？

民族衣装のアオザイや、世界遺産のハロン湾の美しい景観で世界的に有名な国、ベトナム。国の基本データを見ていきましょう。

インドシナ半島の東部にあり、南北に細長い国です。南部は年間を通して高温で、北部は年間の気温差が大きいなど、地域によって気候にちがいが見られます。平地で米の生産がさかんで、輸出も世界有数です。

正式名称	ベトナム社会主義共和国
首都	ハノイ
面積	33万km² (日本と同じくらい)
人口	9,900万人 (日本の約8割)
民族	キン族（越人）、ほかに53の少数民族
宗教	仏教、キリスト教、カオダイ教など
通貨	ドン

国旗

「金星紅旗」とよばれます。赤の地色は社会主義国でよく見られるもので、革命で流された血を表現しています。5つの光がのびる黄色の星は、労働者・農民・兵士・青年・知識人という5つの立場の団結を表しています。

100ドンから50万ドンまで12種類のお札があります。100ドン札をのぞいて、お札には建国の父としてしたわれるホー・チ・ミンがえがかれています。なお、100〜500ドンのお札や硬貨はほとんど使われていません。（2024年12月現在）

（写真提供）貨幣博物館カレンシア

世界遺産 ハロン湾

ベトナム北部にあるハロン湾。自然が長い年月をかけてつくりだした、変わった形をした島々や岩が見られます。ハロンには「竜が舞いおりた場所」という意味があります。

お札に0がいっぱいだね

民族衣装　アオザイ

「長い着物」という意味のアオザイにはスリットが入っていて、ズボンとともに着ます。式典などで着るほか、学校の制服として着ることもあります。

首都のようす　ハノイ

首都のハノイは、11世紀に都がおかれて以来、ベトナムの政治の中心地です。フランス統治時代の西洋建築が数多く残されています。

祭り　ランタン祭り

港町のホイアンでは、毎月満月の夜にランタン祭りがおこなわれます。町中の明かりが消え、ランタンだけがともる幻想的な光景が見られます。

東京からハノイまでは飛行機で約5時間だよ

ベトナムと日本のつながりって？

日本とベトナムの文化や貿易の歴史的なつながり、
そして、現在の関係についてくわしく見ていきましょう。

ベトナムと日本の歴史

　日本とベトナムの関係は、今から1,200年以上前の8世紀にさかのぼります。そのころ、今の中部ベトナム出身で仏教の僧をしていた仏哲が、舞楽（おどるための音楽）を日本に伝えました。その後、16世紀には朱印船貿易の目的地のひとつになり、ホイアンという町には、多くの日本人が住む日本人町ができました。
　また、第二次世界大戦時は、日本軍がしんりゃくして支配していた時期もあります。

ホイアンには、日本人がつくったとされる日本橋という橋がある。日本橋は、お札の絵にもなっている。

日本が援助して、橋やトンネルといった交通のせつびや、病院などがつくられてきたよ

ベトナムの最大の援助国である日本

　ベトナム国内では、1960年から15年にもわたって戦争がおこなわれていました。そのため、1975年に戦争が終わったときには、国の力がすっかりおとろえていました。そこで、世界の国々が協力して、ベトナムの復興と発展を助けてきました。なかでも大きな助けとなってきたのは日本です。日本がベトナムに対しておこなってきたODA（政府などによる、開発途上地域の開発などのための国際協力活動）による資金援助の金額は、ベトナムに対する世界の助けの約40％以上をしめています（2017～2021年）。
　日本はお金による援助のほかにも、ベトナムの人たちが自分たちの手で自分の国を発展させられるように、さまざまな知識や技術を伝え続けています。

日本のODAによってハノイにつくられた、ハノイ市環状3号線という道路。（写真提供）JICA

日本にはどれくらいのベトナム人が来ているの？

ベトナム政府は、国民が海外にわたるサポートをおこない、その国でお金をかせぐための支援を進めてきました。そのため、日本にやってくるベトナム人の数も、2010年代になって急速にふえました。日本でくらすベトナム人は、2010年に4万人ほどでしたが、2023年には約60万人と約15倍にふえ、今では中国人につぐ人数となっています。これは、日本に住んでいる外国人の約17％にあたります。

日本にやってくるベトナム人の半分ほどは、技能実習生（働きながら専門的な技術や知識を学ぶ外国人）です。今、技能実習生はベトナム人がもっとも多く、その割合は全体の約半分をしめています。

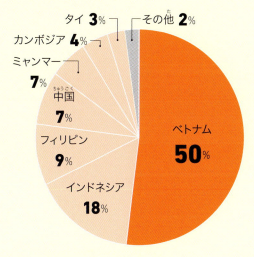

外国人技能実習生の国籍・地域別の内訳（2023年）

- ベトナム 50％
- インドネシア 18％
- フィリピン 9％
- 中国 7％
- ミャンマー 7％
- カンボジア 4％
- タイ 3％
- その他 2％

（出典）出入国在留管理庁「在留外国人統計」

技能実習生は、日本のものづくりや農家をささえる存在なんだ

ベトナムの日本食ブーム

インスタントラーメンが人気のベトナムでは、昔から日本のメーカーのインスタントラーメンが、広く食べられてきました。それに加えて、2015年ごろからベトナムでは日本食ブームが起こっています。

ハノイやホーチミンなどの都市では、日本でもおなじみのファミリーレストランが多く店をかまえています。焼き肉店やラーメン店、すし店、居酒屋などもたくさんあり、そこでは日本と同じようなスタイルで、さまざまな日本食を楽しむことができます。すしの人気が高まったことで、それまで生魚を食べる習慣がなかったベトナム人の食生活も、変わりつつあるそうです。

日本の建物などを再現している日本食レストラン。

ベトナムにつくられたすし店。

ベトナムにルーツのあるアンさんにインタビュー

お父さん、お母さんがベトナム人で、日本の保育園に通う5歳のアンさんに聞いてみました。

🎤 ベトナムの行事で、家でしていることはありますか？

　ベトナムのお正月です。ベトナムのお正月は2月で、バイン・チュンというちまきや、ゆでたチキンを食べました。お花やくだものをたくさんおそなえしました。
　日本と同じようにお年玉ももらいました。

🎤 ベトナムの料理で好きな料理は何ですか？

　ベトナムの料理の中ではフォーが好きです。とくに、牛肉の入ったフォーがいちばん好きです。あまいものだと、日本のぜんざいみたいなチェー（→21ページ）が好きです。

牛肉の入ったフォー。

🎤 ベトナムの伝統衣装を着たことはありますか?

　まだベトナムの伝統衣装（アオザイ）を着たことはありませんが、いつか着てみたいです。

🎤 ベトナムに一時帰国したり、旅行したりしたときに、日本とのちがいを感じたことがあれば教えてください。

　ベトナムは日本よりも、じめじめしているなと思いました。かみなりや雨も多かったです。でも、ベトナムにはすずしいところもあって、北のほうにあるサパに家族で旅行に行ったときは、さむかったです。サパは段々畑があって、少数民族のいるところです。

棚田が広がるサパ。

家でベトナム語の学習に使っているテキスト。

ベトナム語でかかれた絵本。

アンさんの家族にインタビュー

アンさんのお父さんに、アンさんのこと、
日本に来てこまったことなどを聞いてみました。

 ベトナムの文化をどのようにアンさんに伝えていますか?

　ベトナム語を教えたり、昔話を教えたりします。また、なるべくお正月にベトナムに一時帰国して、家族や親戚とベトナムの伝統的なお正月(テト)をすごします。
　日本ではときどき、まわりのベトナムの家族と遊んで、おたがいにベトナムの文化を共有します。息子が、自分がベトナム人だといつも認識できるようにしています。

 日本に来たばかりのころ、どんなことにこまったか教えてください。

　来日したばかりのころは、電車の乗り方がわかりませんでした。また、郵便物がたくさん来たときにもとてもこまりました。当時は、日本語学校の先生や知り合いの日本人にいろいろ教えてもらいました。最近は勉強するツールがたくさん出ているので、語学学習のアプリなども活用しています。

家で使っている調味料。

ベトナム風のお好み焼き「バイン・セオ」。

🎤 日本に来て、ベトナムとの生活のちがいでおどろいたことはありますか？

日本では一人ぐらしや核家族が多いですが、ベトナムでは親戚をふくめて大人数で生活することが多いです。また、日本では近所づきあいもあまりない点が、ベトナムとはちがいます。プライベートが守りづらいなどの問題があるかもしれませんが、となり近所で気楽に声をかけられるところは、ベトナムのほうがいいなと思っています。

🎤 ベトナムに住む友人や、家族や親戚とどのようにやりとりしていますか？

最近はインターネットを通じていつでもベトナムにテレビ電話ができます。また、日本からベトナムへの直行便も多いので、よく一時帰国して家族や友人に会っています。ベトナムから来日する家族や友人もふえているので、いわゆるボーダーレスの世界※だと感じています。

※インターネットや交通手段などの発達で、国境がないように感じられる世界のこと。

🎤 ベトナムの文化で大切にしていきたいと思うことはどんなことですか？

ベトナムは家族主義で、何かあれば家族に相談する文化があります。この文化を大切にしていきたいと思っています。もちろん独立の精神も大事ですが、「こまったときには家族がいる」という想いを息子に深くきざみたいです。

ベトナム語で話してみよう

ベトナム語のあいさつと気持ちを表す言葉です。声に出して話してみましょう。

あいさつの言葉
基本のあいさつをマスターしよう

おはよう
チャオ ブオイ サーン
Chào buổi sáng

こんにちは
シン チャオ
Xin chào

さようなら
タム ビェッ(ト)
Tạm biệt

ごめんなさい
シン ローイ
Xin lỗi

ありがとう
カーム オン
Cảm ơn

どういたしまして
コン コ ジー
Không có gì

14

気持ちを表す言葉

ベトナム語を話せる友だちがいたら発音を教えてもらおう

うれしい
ヴイ　ムン
vui mừng

たのしい
ヴイ　ベー
vui vẻ

おこる
トゥッ(ク) ザン
tức giận

こまる
コォー　カーン
khó khăn

かなしい
ブオン
buồn

さびしい
コー　ドオン
cô đơn

おもしろい
トゥービィ / ハイー
thú vị / hay

つまらない
チャン
chán

ベトナムの行事にせまってみよう

ベトナムはさまざまな年中行事や伝統行事があります。
どのような行事があるか、見てみましょう。

| 1月 › 2月 › 3月 › 4月 › 5月 › 6月 |

テト（旧正月）
1月末～2月中ごろ

　ベトナムのお正月をテトといいます。旧暦（昔のこよみ）の1月1日にあたる日を祝います。毎年日程が変わりますが、1月末から2月中ごろになります。都会で働いている人も、この日のために10日～2週間の休みをとって、家族と正月を祝います。

　テトの食卓には、バイン・チュンというむし料理のほか、もち米のだんごであるバイン・ザイ、ゴーヤー（にがうり）のスープなどがならびます。また、先祖にくだものやおかしなどをおそなえし、同じようなものを来客にもふるまいます。

大みそかには、墓まいりに出かけるよ

最近は、テトの期間を利用して、遠くに旅行する人もふえてきているよ

テトにかざる花が売られているようす。

もち米の中に緑豆やぶた肉などを入れ、ゾンの葉に包んでむしてつくられる、バイン・チュン。

ベトナムは祝日が少ない!?

ベトナムの祝日の数は年に10日ほどです。テトは5日と特別長いのですが、テト以外の祝日は5種類（5日）しかありません。これは、16種類（16日）の日本はもちろん、周辺の国とくらべても、とても少ない数です。そのため、ベトナムの人々は祝日をとても大切にしています。その日には、町の一部のレストランや店なども休みになることがあります。

> 7月 > 8月 > **9月** > 10月 > 11月 > 12月

中秋節
9月中ごろ

旧暦の8月15日におこなわれる行事です。もともとは日本と同じように満月を祝う日でしたが、今のベトナムでは、「子どもの日」にもなっています。中秋節が子どものための日になったのは、ベトナムの「建国の父」といわれるホー・チ・ミンが、この日に子どもたちをしょうたいして、もてなしたのがはじまりといわれています。

この日は、民族衣装であるアオザイを着た子どもたちが歌やおどりを楽しむほか、ししまい（きりんおどり）などの見物や、大人たちからおかしやくだものをもらうなどしてすごします。

また、中秋節には、月餅というまんじゅうのようなおかしをみんなで食べたり、先祖におそなえしたりする習慣もあります。

> 中秋節が近づくと、まずしい子どもたちにおもちゃや文房具などを配るボランティア活動がおこなわれるよ

ししまいは幸運をもたらすものとして、中秋節には欠かせない。この日は、町のいたるところでししまいが見られる。

中秋節には、町が色とりどりのちょうちんでいろどられる。この時期には、町中でさまざまなちょうちんが売られている。

17

ベトナムの教育制度と小学校のようす

ベトナムの学校生活には、日本とにている部分もあれば、ことなる部分もあります。ベトナムの子どもたちは、どのような学校生活を送っているのでしょうか。

ベトナムの教育制度

ベトナムの義務教育期間は、合計10年間あります。幼稚園が1年間、日本の小学校にあたる初等学校が1～5年生の5年間、中学校にあたる下級中等学校が6～9年生の4年間です。義務教育を終えた後には、日本の高等学校にあたる上級中等学校が10～12年生の3年間あり、その後、4年間の大学などがある点は日本と同じです。

子どもの人数がとても多いため、多くの学校が、午前と午後で児童・生徒が入れかわるしくみをとっています。

小学3年生からは、外国語の授業もあるよ。

ベトナムの小学校の1年間

4月から新学期が始まる日本とことなり、ベトナムでは9月から新学期が始まります。1年は2学期に分けられていて、中間試験や期末試験、2学期の終わりには年末試験があります。1～3年生は中間試験がありません。1学期と2学期の間は、テト（旧正月）に合わせて休みになります。また、新学期前には約2か月間、夏休みがあります。

ベトナムには、昼寝をする習慣があるから、昼休みの時間が長くなっているよ

新学期

9月	10月	11月	12月	1月	2月	3月	4月	5月	6月	7月	8月
1学期 →					2学期 →						夏休み
		中間試験※1		期末試験			中間試験※1		年末試験		
					休み※2						

※1　1～3年生は中間試験がない。4年生から算数とベトナム語の中間試験がおこなわれる。
※2　テトとよばれる旧正月の期間は休校になる。

初等学校の授業のようす。
全員が制服を着ている。
（写真提供）永武 ひかる/JICA

多くの初等学校では授業料が無料！
制服や教科書、文房具などは、それぞれの家庭で買うよ

学校のルールや習慣

　地域によってちがいはありますが、多くの子どもたちは、保護者が運転するバイクの後ろに乗って通学します。
　給食がある学校もありますが、家に帰って昼ごはんを食べる子どもたちもいます。学校によっては、おやつの時間もあります。ほとんどの学校に制服があり、パーマや髪ぞめ、化粧、アクセサリーなどは、禁止されている場合が多いです。ふつうは土曜日と日曜日が休みですが、子どもの人数が多いため、土曜日に授業をおこなっている学校もあります。

学校帰りにおやつを買っている子どもたち。
（写真提供）永武 ひかる/JICA

ベトナムでは、家からおやつを持ってきたり、おやつを買ったりしてもだいじょうぶだよ

放課後のすごし方

　多くの学校では宿題がありません。初等学校や下級中等学校では、おもに放課後に、ホック・テムという補足の授業がおこなわれています。
　初等学校には、放課後に、保護者がむかえに来るのを校内で待つ児童も多くいます。上級中等学校では、日本と同じようにクラブ活動などもありますが、日本ほどさかんではありません。大きな町では大学進学のため、放課後に塾に通う生徒もいます。

ベトナムの小学校では昼寝の時間があったり、おやつを食べてOKだったり、日本とちがうところがあるんだね

19

ベトナムの食文化にせまってみよう

ベトナム料理が生まれた歴史や、地域によってどんな料理があるかを見てみましょう。

地方によって、味つけがことなる

ベトナムの料理は、からすぎずあますぎない、やさしい味つけが特徴です。香草（香りのする草）を使った料理がよく食べられていて、調味料としては、魚からつくったしょう油のようなヌクマム（日本では魚しょう）が使われます。

ベトナムの国土は、南北に長く、地方によって気候も大きくことなります。そのため、料理も地方ごとにことなる特徴を持っています。

北部

中国に近いため、中国料理のえいきょうを大きく受けています。塩やヌクマムなどを使ったさっぱりとした味つけが特徴です。ベトナムの代表的なめん料理であるフォーは、首都のハノイがある北部で生まれました。

フォー

中部

観光地として人気のダナンや、フエなどがあるこの地方では、とうがらしをたくさん使ったからい料理が多く食べられています。牛肉を使ったすっぱくてからいめん料理のブン・ボー・フエなどが有名です。

ブン・ボー・フエ

南部

ビジネスの中心地のホーチミンがある南部は、さとうやココナッツミルクを使ったあまい味つけの料理がたくさんあります。代表的な料理には、エビや肉、野菜などをライスペーパー（米粉でできた皮）で包んだ生春巻きのゴイ・クオンや、ベトナム風のお好み焼きのバイン・セオなどがあります。

ゴイ・クオン

バイン・セオ

米の食べ方いろいろ

ベトナムは、日本と同じように米が主食です。米のおもな産地は北部のホン川や南部のメコン川の周辺で、1年に3回もしゅうかくすることができます。

米の品種は、日本でさいばいされているジャポニカ米とはことなります。ベトナムでは、細長くてねばりけがやや少ないインディカ米をさいばいしています。食べるときは、米を日本と同じように水でたくほか、米粉をフォー（平らなめん）やブン（細いめん）などに加工して、めん料理に使います。また、米粉を練ってうすくのばしたライスペーパーも、生春巻きなどに広く利用されています。

インディカ米
ライスペーパー
フォー
ブン

カフェが町中に

ベトナムは、長年フランスの支配を受けていました。そのため、コーヒーを楽しむフランス人の習慣が、ベトナムの人々の間にも根づいています。町の中を歩くと、コーヒーを楽しめるカフェがいたるところで見られます。

ベトナムコーヒーをいれるときには、カフェ・フィンという専用の道具を使います。練乳をまぜ合わせるので、できあがったコーヒーはとてもあまいのが特徴です。

また、パンを食べる習慣も、フランスから伝わった食文化のひとつです。細長いパンを使ったサンドイッチのバイン・ミーは、ベトナムの人たちの大好物です。

ベトナムコーヒー
カフェ・フィン

チェー

バイン・ミー

チェーは、もち米や豆などを入れた日本のぜんざいに似たスイーツだよ

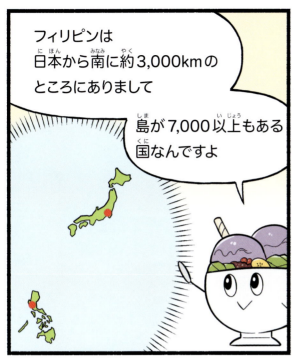

フィリピンってどんな国？

東南アジアの島国、フィリピンの基本データを見てみましょう。

南シナ海と太平洋の間にうかぶ7,000以上の島々からなる国で、火山が多いのが特徴です。1年を通じて気温が高く、雨が多い気候で、バナナやパイナップルといった熱帯の作物がさいばいされています。スペインやアメリカの植民地となったり、日本に占領されたりした歴史があります。

正式名称	フィリピン共和国
首都	マニラ
面積	30万km²（日本の約8割）
人口	1億1,700万人（日本とほぼ同じ）
民族	マレー系、中国系、スペイン系および少数民族
宗教	キリスト教、イスラム教
通貨	ペソ

国旗

白は平和・平等、青は正義、赤は勇気を表しています。白の三角にえがかれている太陽は自由のシンボルで、8本の光が独立運動に立ち上がった8つの州を表しています。3つの星は、フィリピンのルソン島、ミンダナオ島、ビサヤ諸島を示しています。

通貨の単位には「ペソ」と「センタボ」があり、1ペソ＝100センタボです。1,000ペソで、日本円の2,500円くらいです。ペソはスペインの植民地で使われた通貨で、フィリピンのほかにメキシコやチリなどでも用いられています。「フィリピン・ペソ」「メキシコ・ペソ」といったように区別されます。お札や硬貨には、歴史上の人物や動植物などがデザインされています。
（2024年12月現在）

世界遺産　フィリピン・コルディリェーラの棚田群

少数民族のイフガオ族が、2,000年以上にわたり米をつくってきた棚田です。標高1,000m以上の場所にある広大な棚田は、「天国への階段」ともよばれています。

観光地　サンアグスチン教会
スペインの植民地時代に建てられたカトリック教会で、世界文化遺産に登録されています。

交通　ジープニー
行き先が決まっている格安の乗り合いバスで、合図をすればどこでも乗りおりできます。アメリカ軍の中古ジープを改造して使ったのがはじまりです。

自然　トゥバタハ岩礁自然公園
海の真ん中にあるトゥバタハ岩礁自然公園では、サンゴ礁にくらす多種多様な生き物が見られます。ウミガメの産卵地にもなっています。

東京からマニラまでは飛行機で約4時間だよ

25

フィリピンと日本のつながりって？

黒潮の海を通じてつながってきた日本とフィリピン。
太平洋戦争後は、技術力や労働力で協力し合い、きずなを深めてきました。

古くから船によって交流していた

フィリピンと日本の間には、黒潮とよばれる、川のように一定方向に流れる海流があり、古くから船による交易がおこなわれていました。16世紀末には多くの日本人がフィリピンに住んでいたといいます。17世紀になると、江戸幕府の鎖国政策により交流はいったんとだえます。しかし、フィリピンを支配する国がスペインからアメリカにかわった20世紀のはじめごろから、多くの日本人が仕事を求めてフィリピンに移住するようになりました。

キリスト教を禁止した江戸幕府から追放され、1614年にマニラへとのがれたキリシタン大名の高山右近。大名の地位をすてて、最後まで信仰をつらぬいた右近をたたえて、この像がフィリピンのマニラにつくられた。

戦後は日本がフィリピンを援助

太平洋戦争中は、日本軍がフィリピンを占領した時期もありました。しかし戦後、フィリピンが独立すると、日本政府は開発途上国などを支援するODA（政府開発援助）で、フィリピンへの技術・経済協力に力を入れます。橋やダムなどを建設するほか、上下水道の整備や人材育成など、今も幅広い分野で援助が続いています。また、多くの日本の国際協力団体も教育や生活面などで支援しています。

セブ島と、空港のあるマクタン島をつなぐ橋は、日本のODAでつくられた。橋にはそのことをしめすプレートがつけられている。

日本のODAでは、地下鉄や鉄道の整備も進められているんだよ

世界中で働くフィリピン出身の労働者

2023年4月から9月にかけて、海外で働いたフィリピン人の労働者は216万人と推定されています。フィリピンでは英語が公用語のひとつなので、働く先はアメリカやアラブ諸国が多くなっています。日本でも多くのフィリピン人が働いており、看護師や介護福祉士をめざす人なども受け入れています。

日本でもフィリピンの人たちが活躍しているんだね

日本とフィリピンは大事な貿易相手国

日本とフィリピンは、経済でも重要な関係をきずいています。2022年の時点で、日本はフィリピンにとってアメリカにつぐ2番目の輸出相手国であり、輸入相手国としても、中国、インドネシアについで3番目となっています。

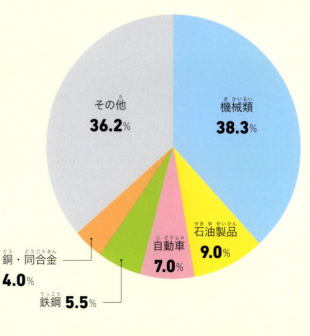

フィリピンからの輸入（2022年）
- 機械類 47.1%
- その他 35.5%
- 木製建具・建築用木工品 9.0%
- バナナ（生鮮）6.4%
- プラスチック製品 2.0%

フィリピンへの輸出（2022年）
- 機械類 38.3%
- その他 36.2%
- 石油製品 9.0%
- 自動車 7.0%
- 鉄鋼 5.5%
- 銅・同合金 4.0%

（出典）「日本国勢図会」2024/25

フィリピンにルーツのある小学生にインタビュー

フィリピン出身で、日本の小学校に通う小学5年生のニコルさんに聞いてみました。

🎤 フィリピンから日本に来たときはどんな気持ちでしたか？

はじめてほかの国に来たので、とてもワクワクしました。でも最初は言葉がわからなくて、学校やまわりの人にどう思われるか、心配で不安でした。

🎤 日本の文化でいいなと思うところはありますか？

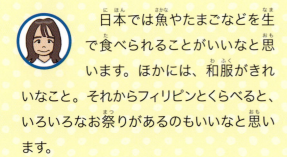

日本では魚やたまごなどを生で食べられることがいいなと思います。ほかには、和服がきれいなこと。それからフィリピンとくらべると、いろいろなお祭りがあるのもいいなと思います。

●子どもの名前は仮名です。

🎤 フィリピンの文化で、家でしていることがあれば教えてください。

フィリピンでは毎週日曜日に、ミサ（キリスト教カトリック教会でおこなわれる儀式）に参加するので、日本ではインターネットでミサを見ながら、家で儀式をしています。

🎤 日本語がわからなくて、どんなことにこまりましたか？

言葉がわからないとみんなと会話ができないので、自分の気持ちをかんちがいされてこまったり、友だちをつくるのが大変だったりしました。勉強では、自分だけが簡単な勉強をしていたことや、みんなと同じ宿題をやるために、夜おそくまで時間がかかってしまったこともありました。

🎤 日本でうれしかったことや友だちができたきっかけを教えてください。

うれしかったことは、雪をはじめて見られて、さわれたことです。フィリピンでは雪がふらないので、ずっと見てみたいと思っていました。それから、1年間勉強して、言葉を少しずつ覚えてきたことで、授業も少しずつわかるようになってきたことや、みんなとの会話がふえていったことがうれしかったです。

友だちができたのも、会話ができるようになったことがきっかけでした。日本語の勉強を一生懸命がんばったおかげだと思います。会話ができると、同じことに興味を持つ人たちがたくさんいることがわかって、少しずつ仲よくなれました。

ニコルさんの担任の先生にインタビュー

ニコルさんの通う小学校には、ブラジルやフィリピンなどの外国にルーツのある子どもたちが多く通っています。担任の先生に、学校のようすと先生の思いをうかがいました。

🎤 外国から来た子どもたちがいると、クラスではどんなようすが見られますか？

　本校にはニコルさんをはじめ、本当にいろいろな国籍の子がいます。そのため、子どもたちの中に、「こういうことができるのは当たり前」といったような意識があまりなく、「こまっていたら助ける」「苦手なことがあれば一緒にがんばる」という姿勢が見られるのが特徴です。
　文化のちがいも受け入れて、自分の生き方につなげているところが、担任としてもすごいなと感心しています。例えば食生活ならお米ひとつとっても、日本とはちがう種類のお米があり、調理の仕方も見た目もまるでちがうということを、本校の子どもたちは、外国にルーツのある子どもたちとの交流をきっかけに、実際に見聞きしています。自分たちの当たり前とはちがうことを新鮮に受け止め、一緒に生活しています。勉強して覚えた知識とはちがった知識が広がっていると感じています。

🎤 文化や慣習がちがうことで、気をつけなければいけないと感じることはありますか？

　例えばハロウィーンパーティーのように、日本ではイベントとして受け入れられている行事の中にも、国籍や宗教的な理由から参加できない子や、それをいい出せない子もいます。日常生活の中にあるもっと小さな違和感も、子どもたちは受け入れて日本で生活していると思います。何か感じていることはないかな、もしかしたらきずついたこともあるかもしれないと、できるだけ気を配っていきたいと思っています。

言葉の壁をなくすきっかけとして役立つものはありますか？

最近のタブレット端末は便利で、アプリやインターネットの翻訳機能を使えば、日本語をすぐに別の言葉に翻訳してくれます。

例えばポルトガル語が母語の子が、タブレット端末に自分の意見をポルトガル語で入力すれば、すぐ日本語に翻訳されて、日本の子たちもその子がどんな意見を持っているのかを知ることができるようになりました。以前なら通訳の先生や、特別な通訳ソフトが必要でしたが、タブレット端末の機能の発達が、言葉の壁をなくすきっかけになっていると思います。

クラスに外国から新しい友だちが来て、とまどっている子がいたら、どんなアドバイスをしますか？

わたしがまず話をするのは、国籍や肌の色、言語がちがう前に、クラスの一人ひとりはみんなちがっていて当然で、みんながその気持ちをわかりあって助けあえると、気持ちがいい仲間になれるよね、ということです。

本校には、「音楽集会」というクラスみんなで歌う行事があります。外国にルーツのある子どもたちは、歌詞の日本語を理解したり覚えたりするだけでも大変なのに、むずかしい曲でもみんなと一緒に練習して、本番で歌いました。「自分がアメリカに行って、英語の歌詞の歌をアメリカの子と一緒に歌えるかな？」って話をしてみたら、日本人の子どもたちは「無理！」と。そこではじめて、外国にルーツのある子どもたちがどれくらいがんばっているのか、歌うだけでも当たり前じゃないんだ、と実感してくれたのです。そんなふうに「自分だったら……」と考えることができれば、みんなが、いい友だちになれるんじゃないかなと思います。

自分がアメリカに行って、英語の歌詞の歌をアメリカの子と一緒に歌えるかな？

ムリかも…

わたしも…

フィリピノ語で話してみよう

フィリピンの言葉、フィリピノ語のあいさつと気持ちを表す言葉です。声に出して話してみましょう。

あいさつの言葉

基本のあいさつをマスターしよう

おはよう
Magandang umaga
(マガンダン ウマガ)

こんにちは
Magandang hapon po
(マガンダン ハーポン ポ)

さようなら
Paalam
(パアラム)

ごめんなさい
Pasensya ka na
(パセンシャ カ ナ)

ありがとう
Salamat
(サラマット)

どういたしまして
Walang anuman
(ワラン アヌマン)

32

気持ちを表す言葉

フィリピノ語を話せる友だちがいたら発音を教えてもらおう

うれしい
マリガヤ
maligaya

たのしい
マサヤ
masaya

おこる
ナガガリット
nagagalit

こまる
ナグアララ
nag-aalala

かなしい
マルンコット
malungkot

さびしい
ナルルンバイ
nalulumbay

おもしろい
ナカカトゥワ
nakakatuwa

つまらない
ナカカアントック
nakakaantok

フィリピンの行事にせまってみよう

国民の約90％がキリスト教徒というフィリピン。
キリスト教に関する祭りや行事がたくさんあり、いずれもにぎやかで、はなやかなのが特徴です。

> 1月 〉 2月 〉 3月 〉 4月 〉 5月 〉 6月 〉

ブラック・ナザレ
1月9日

17世紀のはじめにメキシコからおくられた黒いキリスト像（ブラック・ナザレ）をかかえた人々が、マニラ市内を練り歩く祭りです。この像にふれるときせきが起こるといわれ、ひと目見てふれようと、フィリピン全土から大勢の信者が集まります。

シヌログ・サントニーニョ祭
1月第3日曜日

16世紀に、ポルトガル人のマゼランがセブ島にキリスト教を伝えました。そのときにセブ島の女王におくったのが、サントニーニョといわれるおさないキリストの像です。この像をたたえて、きらびやかな衣装を着たダンサーたちが、軽快なリズムに合わせておどります。

（写真）Philippine Star

カトリック教徒の祭りとしては世界最大級。大勢の人がおしよせるため、毎年けが人がたえない。

「サントニーニョ、ばんざい！」とさけびながら、おさないキリスト像をかかえてにぎやかにダンスをくり広げる。

人だかりの中心に
十字架をかついだキリストの
等身大の像があるんだ。
それがブラック・ナザレだよ

フィリピンには
イスラム教徒の多い地域もあるよ。
そのような場所では、
イスラム教にまつわる祭りや
行事もおこなわれているんだ

フィリピンでは、
1年を通してどこかで
祭りや行事が
開かれているよ！

> 7月 > 8月 > 9月 > 10月 > 11月 > 12月 >

バギオ・フラワーフェスティバル
2月第2週

　フィリピン北部の標高の高いバギオで、花の収穫を祝っておこなわれる祭りです。はなやかなパレードや先住民族によるストリートダンスのほか、本物の花を使った巨大なパレード車が見もので、あたりには花のいい香りがただよいます。

（写真）Erwin Lim

クリスマス
12月25日

　フィリピン人は「クリスマスのために1年間働く」といわれるほど、大切にされている行事です。9月ごろからかざりつけが始まり、12月16日から「シンバン・ガビ」とよばれるミサ（キリスト教カトリック教会の礼拝の儀式）で聖母マリアにいのりをささげ、それから24日まで毎日ミサがおこなわれます。そしてクリスマス当日の25日には、海外で働く家族も集まってみんなでお祝いをし、祝祭は年明けの1月6日まで続きます。

ヒマワリを中心に、いろいろな花のコスチュームで着かざった人たちがパレードする。

フィリピン特有のクリスマスかざりのパロル。カピスという美しい貝がらからつくるイルミネーションで、キリストの生まれた地を照らす星をイメージしたといわれている。

ぶたの丸焼き「レチョン」はお祝いの料理で、フィリピンのクリスマスに欠かせない。

フィリピンの教育制度と小学校のようす

フィリピンの子どもたちも、日本と同じように学校で元気に学んでいます。
教科書や授業、夏休み、服装など、日本とちがうところもあります。

フィリピンの義務教育は13年間

フィリピンの義務教育は、幼稚園1年、初等学校6年（1～6年生）、中等学校6年（7～12年生）の13年間です。中等学校では、前期の4年間が中学校、後期の2年間が高校にあたります。卒業後に学びたい人は、大学や単科大学などに進学します。公立の義務教育の学校と、国立大学と一部の公立大学・単科大学は学費がかかりません。

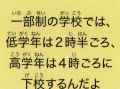

義務教育は
日本より4年も
長いんだね

フィリピンの小学校の1年間

学校によっては午前と午後の二部制になっています。二部制の場合、午前の部は7時30分から11時30分まで、午後の部は1時30分から5時30分までです。

新学期は6月から始まります。2学期が終わる10月～11月にかけて学期休みがあり、その後、3学期が終わるとクリスマス休みに入ります。年明けから4学期が始まり、4月と5月は夏休みに。そして、次の新学期という流れで1年をすごします。

一部制の学校では、
低学年は2時半ごろ、
高学年は4時ごろに
下校するんだよ

新学期											
6月	7月	8月	9月	10月	11月	12月	1月	2月	3月	4月	5月
1学期				2学期		3学期		4学期			夏休み
						学期休み					

小学4年生の算数の教科書。文章がすべて英語で書かれている。

1クラス40〜50人。みんな楽しそうに授業を受けている。

小学4年生から英語で授業

　フィリピンの生徒の多い学校では、教科書は学校から「借りる」ものです。何人かで一緒に使うこともあるため、家に持ち帰ることはできません。そして、小学4年生になると、授業が英語に切りかわります。日本の小学校でも英語教育は義務化されていますが、フィリピンでは英語を学ぶだけでなく、「英語で」学ばなければなりません。服装については、幼稚園から高校まで制服がある一方で、くつやかばん、アクセサリー、髪型などは自由です。

学校への登下校は保護者の送りむかえが基本

　日本では子どもだけで通学することが多いですが、フィリピンの小学生は保護者に送りむかえをしてもらうほか、学校によってはスクールバスを利用して通います。学校が終わるころになると、歩きやバイクでむかえに来た保護者が大勢、校門の前で待っています。子どもの安全を守るために、アメリカやイギリス、フランスなどでも、子どもだけで通学させることはありません。

学校が終わる時間には、校門の周辺はむかえに来た保護者でいっぱいになる。

37

フィリピンの食文化にせまってみよう

自然に恵まれたフィリピンでは、農産物や海産物がたくさんとれます。
それらを使って、さまざまな国のえいきょうを受けた多彩な料理が生まれました。

外国のえいきょうを受けた料理の数々

フィリピンには、外国のえいきょうを受けた料理がたくさんあります。300年以上もの間、統治されていたスペインからは、肉料理や煮こみ料理をはじめ、フォークやスプーンで食べる食文化を受けつぎました。また、アメリカからはファストフード文化を、中国からは米やめん料理を取り入れました。ほかにも、周辺国との交流から、いろいろな料理が生まれました。

アドボ

フィリピンには肉を使った料理がたくさんある。なかでも代表的な家庭料理がアドボ。とり肉やぶた肉をニンニクなどと煮こんだスペイン風のシチューで、酢を使ったさっぱりした味わいが特徴。

フィリピンのファストフード

フライドチキンやハンバーガーなど、アメリカから伝わったファストフードは大人気。フィリピンで生まれたファストフード店がいくつもあり、いつもにぎわっている。

パンシット

中国料理のえいきょうを受けためん料理で人気なのが、パンシットというフィリピン風焼きそば。野菜やとり肉、シーフードなどを具材にして、特別な日などに大皿にもってみんなで食べる。

フィリピンでは1日5食!?

フィリピンの食事は日本と同じで朝・昼・ばんの3回。さらに、午前と午後の2回、「メリエンダ」という間食の時間があります。これはスペイン統治時代に伝わった習慣で、メリエンダはスペイン語で「おやつ」を意味します。

> メリエンダでは、あまいおかしだけでなく、ハンバーガーなどのファストフードを食べる人もいるよ

ココナッツが欠かせない

ココヤシという木になる実がココナッツ。実の内側の白い部分をけずりとってかんそうさせたり、しぼってココナッツミルクにしたりして利用します。フィリピンのココナッツ生産量は世界第2位。ナタデココなどのおかしはもちろん、いため物や煮物までさまざまな料理に使われています。

ハロハロ

ルンピア

フィリピン風春巻き。中には、エビやとり肉、ぶた肉などにココナッツをまぜた具が入っている。油で揚げた「プリト」、生春巻きの皮で巻いた「サリワ」、具を巻かずにごはんなどと食べる「フバッド」の3種類がある。

ハロハロは「まぜこぜ」という意味。その名の通り、ナタデココやゼリー、くだもの、かき氷、アイスクリームなどをまぜあわせて食べる、フィリピンを代表するデザート。

> ココヤシは「生命の木」といわれているよ。ココナッツを食用にするだけでなく、葉はほうきやかごに、みきは木材に、実のからは器やひしゃくなどに利用できるんだ

ココヤシの木

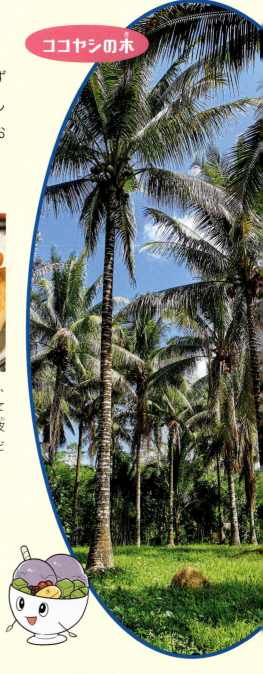

> 国によって、食べている米の品種がちがうこともあるんだね。いろいろな国の友だちに聞いてみたいな

フィリピン人はお米が大好き

フィリピンの主食は日本と同じ米ですが、食べられているのは、ねばりけの少ないインディカ米です。1人当たりの米の消費量は日本の2倍以上で、いつも食卓にはごはんがあります。38ページの写真のように、ファストフードでもライスつきのセットがあるほどです。ごはんだけでなく、米や米粉を使ったおかしもたくさんあります。

もっと知りたい！ 日本でくらす世界の友だち 多文化共生を学ぼう

中国・韓国の友だち

ベトナム・フィリピンの友だち

ブラジル・ネパールの友だち

[監修] 梅澤 真一（うめざわ しんいち）

植草学園大学発達教育学部教授（元・筑波大学附属小学校教諭）。専門は小学校社会科教育。日本社会科教育学会、全国社会科教育学会、日本地理教育学会などに所属。東京書籍『新編 新しい社会』教科書編集委員。著書に『梅澤真一の「深い学び」をつくる社会科授業 5年』（東洋館出版社）、編著に『必備！社会科の定番授業 小学校4年』（学事出版）、監修に『小学総合的研究 わかる社会』（旺文社）、『読んでおきたい偉人伝 小学1・2年』（成美堂出版）、『警察署図鑑』『病院図鑑』（金の星社）など。

- ● マンガ　　　　　ナガラヨリ
- ● 本文イラスト　　ツナチナツ、清野705
- ● 原稿執筆　　　　山内 ススム、永山 多恵子、青木 美登里、菅 祐美子
- ● デザイン・DTP　横地 綾子、梅井 靖子（フレーズ）
- ● 地図　　　　　　ジェオ
- ● 校正　　　　　　ペーパーハウス
- ● 編集　　　　　　株式会社 アルバ
- ● 写真提供・協力　Shutterstock、PIXTA、photolibrary、旅とのりもの、大塚雅貴/アフロ、NPO法人 DAREDEMO HERO
- ● 取材協力　　　　株式会社 MAKOTO

もっと知りたい！ 日本でくらす世界の友だち 多文化共生を学ぼう
ベトナム・フィリピンの友だち

初版発行　2025年3月

監修　　梅澤 真一

発行所　株式会社 金の星社
　　　　〒111-0056　東京都台東区小島1-4-3
電話　　03-3861-1861(代表)
FAX　　03-3861-1507
振替　　00100-0-64678
ホームページ　https://www.kinnohoshi.co.jp
印刷　　広研印刷 株式会社
製本　　東京美術紙工

40P.　29.5cm　NDC380　ISBN978-4-323-05115-4
©Yori Nagara,TsunaChinatsu,Naoko Seino,ARUBA,2025
Published by KIN-NO-HOSHI SHA,Tokyo,Japan

乱丁落丁本は、ご面倒ですが、小社販売部宛にご送付ください。送料小社負担にてお取り替えいたします。

JCOPY　出版者著作権管理機構 委託出版物

本書の無断複写は著作権法上での例外を除き禁じられています。複写される場合は、そのつど事前に、出版者著作権管理機構（電話 03-5244-5088、FAX 03-5244-5089、e-mail: info@jcopy.or.jp）の許諾を得てください。
※本書を代行業者等の第三者に依頼してスキャンやデジタル化することは、たとえ個人や家庭内での利用でも著作権法違反です。

100年の歩み

金の星社は1919（大正8）年、童謡童話雑誌『金の船』（のち『金の星』に改題）創刊をもって創業した最も長い歴史を持つ子どもの本の専門出版社です。

よりよい本づくりをめざして

お客様のご意見・ご感想をうかがいたく、読者アンケートにご協力ください。
ご希望の方にはバースデーカードをお届けいたします。

アンケートご入力画面はこちら！

https://www.kinnohoshi.co.jp